ब्रह्मा

संसार के रचयिता

OM KIDZ

An imprint of Om Books International

Published in 2015 by

OM KIDZ

An imprint of Om Books International

Corporate & Editorial Office
A 12, Sector 64, Noida 201 301
Uttar Pradesh, India
Phone: +91 120 477 4100
Email: editorial@ombooks.com
Website: www.ombooksinternational.com

Sales Office
107, Darya Ganj,
New Delhi 110 002, India
Phone: +91 11 4000 9000, 2326 3363, 2326 5303
Fax: +91 11 2 7 8091
Email: sales@ombooks.com
Website: www.ombooks.com

Illustrations: Manish Singh, John Paulose, Himanshu Sharma

ISBN: 978-93-82607-67-0

Printed in India

10 9 8 7 6 5 4 3 2 1

अनुक्रम

ब्रह्मा: संसार के रचयिता

विश्व के प्राचीनतम धर्मों में से एक माने जाने वाले हिंदू धर्म के मुख्य आधार त्रिदेव या त्रिमूर्ति हैं। त्रिदेव में तीन प्रधान देवता ब्रह्मा, विष्णु और शिव शामिल हैं, जो सृजन, संरक्षण और संहार के देवता हैं।

सृजन के देवता ब्रह्मा को स्वयंभू यानी स्वयं से उत्पन्न भी कहा जाता है। उनका निवास ब्रह्मपुर में माना जाता है, जो माउंट आबू के पास एक काल्पनिक नगरी है। सृष्टि के रचयिता के रूप में ब्रह्मा धर्म के पिता माने जाते हैं जो सभी देवों और मनुष्यों को ज्ञान देते हैं।

माना जाता है कि ब्रह्मा ने पहले पाताललोक की रचना की और उसमें एक बीज डाला जो सुनहरा अंडा बन गया। उसी अंडे से ब्रह्मा ने जन्म लिया। अंडा अपने आप नहीं फूट सकता था, इसलिए स्वयं ब्रह्मा ने अपने को उस बीज में मिला लिया था और इस तरह से उन्होंने दोबारा जन्म लिया। यही कारण है कि ब्रह्मा को हिरण्यगर्भ यानी कि सुनहरे अंडे से पैदा हुआ भी कहा जाता है।

एक और पौराणिक कथा के अनुसार ब्रह्मा ने ब्रह्मांड की रचना के समय एक कमल से जन्म लिया था, जो कि विष्णु की नाभि से निकला था। इसीलिए ब्रह्मा को नाभिज भी कहा जाता है।

अनेक धार्मिक किताबों में लिखा है कि ब्रह्मा का जन्म परमात्मा और माया के संगम से हुआ।

उनके जन्म की जो भी कहानी सही हो, लेकिन पवित्र हिंदू ग्रंथ इस बात पर एकमत हैं कि ब्रह्मा ही इस सृष्टि के रचयिता हैं।

ब्रह्मा ब्रह्मांडीय मन के प्रतीक हैं क्योंकि रचना मन और बुद्धि का ही कार्य है। अगर हम किसी मनुष्य के दृष्टिकोण से इसे देखें, तो ब्रह्मा मनुष्य के मन और बुद्धि के प्रतीक हैं। माना जाता है कि उनके पास अपार ज्ञान है और वे मनुष्यों और देवताओं को मिलने वाले हर तरह के ज्ञान के स्रोत हैं।

मानसपुत्र

ब्रह्मा ने पहले दस प्रजापतियों की रचना की जो कि मनुष्य जाति के पूर्वज कहलाते हैं। उन्होंने जगत को ज्ञान देने के लिए सात विद्वान ऋषियों की भी रचना की जिन्हें सप्तऋषि कहा जाता है।

ब्रह्मा के मन से पैदा होने के कारण प्रजापति और सप्तऋषि उनके मानसपुत्र भी कहलाते हैं।

ब्रह्मा के प्रतीक

ब्रह्मा को आमतौर पर चार सिर और चार भुजाओं वाला दिखाया जाता है। उनके चारों हाथों में धारण की हुई वस्तुओं का प्रतीकात्मक अर्थ बहुत गहरा है। उदाहरण के लिए, ब्रह्मा सदैव एक कमल पर बैठे दिखाए जाते हैं। इसका मतलब है कि वे काल की ब्रह्मांडीय वास्तविकता पर विराजमान हैं। ब्रह्मा का रंग लाल दिखाया जाता है। उनकी दाढ़ी श्वेत चित्रित की जाती है, जो उनके अस्तित्व की शाश्वत प्रकृति को दर्शाता है।

उनके चारों हाथों में क्रमशः मन, बुद्धि, अहंकार और चित्त होते हैं। अगर मनुष्य का मन के इन चार पहलुओं पर नियंत्रण हो जाए तो वह निर्वाण प्राप्त कर लेता है। वे अपने हाथों में कमल, कमंडल, वेद और रुद्राक्ष माला लिए रहते हैं।

उनके हाथ का कमल प्रकृति और सभी वस्तुओं तथा जीवों के जीव तत्व का प्रतीक है।

ब्रह्मा के हाथ में मौजूद वेद ज्ञान के प्रतीक हैं, जो प्रगति के सूचक हैं।

अहंकार का त्याग करके जनकल्याण के लिए अथक परिश्रम करने वाला मनुष्य सारी आकांक्षाओं से मुक्त हो जाता है। ब्रह्मा के तीसरे हाथ में मौजूद कमंडल सरल और संतोषी जीवन बिताने वाले की तपस्वी प्रकृति का प्रतीक है।

ब्रह्मा के चौथे हाथ में मौजूद रुद्राक्ष माला यानी आँखों की माला को वे हमेशा फेरते रहते हैं क्योंकि वह समय की प्रतीक है।

ब्रह्मा के चार सिर चारों वेदों–ऋग्वेद, सामवेद, यजुर्वेद और अथर्ववेद के प्रतीक हैं। माना जाता है कि उनके चारों सिर लगातार इन चारों वेदों का पाठ करते रहते हैं।

ब्रह्मा का वाहन हंस है। माना जाता है कि केवल हंस ही दूध और पानी में भेद कर सकता है। इसका मतलब है कि बोध प्राप्त मनुष्य जीवन की जटिलताओं के बीच भी निर्वाण का चयन कर सकता है। यह ज्ञान का प्रतीक है।

देवी सरस्वती

पौराणिक कथा के अनुसार ब्रह्मा ने सृजन के अपने काम में सहायता के लिए शतरूपा नाम की एक नारी की रचना की। उसे ही सरस्वती या गायत्री कहा जाता है।

शतरूपा की दिव्य सुंदरता पर स्वयं ब्रह्मा मोहित हो गए थे। वे उस पर इतने अधिक आसक्त हो गए थे कि वह जहाँ भी जाती, वे उसे देखते रहते थे।

शतरूपा ने ब्रह्मा की निगाहों से बचने की कोशिश की, लेकिन ब्रह्मा हर बार एक नया सिर उगा लेते। इस तरह से उनके चार सिर उग आए। अंत में, शतरूपा ने आकाश की ओर छलाँग लगा दी, तो ब्रह्मा ने अपना पाँचवाँ सिर भी उगा लिया।

ब्रह्मा की वासना देखकर शिव बहुत क्रोधित हुए। उन्होंने ब्रह्मा का सबसे ऊपर वाला पाँचवाँ सिर काट डाला। शिव के इस कार्य से ब्रह्मा होश में आए और फिर से सृजन के कार्य में जुट गए।

ब्रह्मा का पाँचवाँ सिर कटते ही शतरूपा के प्रति उनकी वासना समाप्त हो गई। ब्रह्मा को संसार की रचना के लिए ज्ञान की आवश्यकता थी, इसलिए उन्होंने ज्ञान और बुद्धि की देवी सरस्वती से विवाह किया। सरस्वती श्वेत वस्त्र धारण करती हैं, जो कि शुद्धता का प्रतीक है। वे सारे वेदों की माता कही जाती हैं, जो कि सनातन धर्म के सबसे पुरातन ग्रंथ माने जाते हैं।

त्रिदेव की महिमा

वैदिक धर्म के अनुसार, समय का प्रवाह शाश्वत है। रचना और विध्वंस ब्रह्मांडीय घटनाओं के लंबे चक्र की दो घटनाएँ हैं। अतीत में न तो कोई आरंभ था और न ही भविष्य में कोई अंत होगा। रचना तो परम तत्व का प्रकटीकरण है। इसी तरह से विध्वंस ब्रह्मांड का परम तत्व में लीन हो जाना है। प्रकटीकरण और विलुप्तिकरण एक के बाद एक होने वाली घटनाएँ हैं। समय को चक्रों में मापा जाता है, जिसे कल्प कहते हैं। एक कल्प एक दिन और एक रात के बराबर होता है। हर कल्प में 1000 महायुग होते हैं और हर महायुग में 4 अरब 32 लाख वर्ष होते हैं।

हिंदू पुराणों में माना जाता है कि जगत का संहार या विनाश भगवान शिव करते हैं। यह प्रक्रिया प्रलय कहलाती है। शिव जी विनाश इसलिए करते हैं क्योंकि कुछ भी नया बनाने के लिए पुराने को भंग करना ही पड़ता है।

सृष्टि अपने विनाश के बाद 100 वर्षों तक इसी अवस्था में रहती है और इसके बाद ब्रह्मा फिर से जन्म लेते हैं और फिर से समूची प्रक्रिया का आरंभ होता है।

ब्रह्मा की पूजा नहीं होती

ब्रह्मा त्रिदेव में शामिल किए जाते हैं, लेकिन उनकी पूजा नहीं की जाती है, जबकि शिव और विष्णु की पूजा की जाती है।

इसका कारण शिव जी का श्राप है। पौराणिक कथा के अनुसार, एक बार ब्रह्मा और विष्णु शिव जी के निवास कैलाश पर्वत जा रहे थे। मार्ग में ब्रह्मा और विष्णु में विवाद होने लगा कि दोनों में से शक्तिशाली कौन है।

दोनों में विवाद हो ही रहा था कि अचानक पृथ्वी से एक विशाल लिंग प्रकट हुआ। वह लिंग इतना विशाल था कि दोनों देव उसका एक भी सिरा नहीं देख पा रहे थे। अंत में उन्हें पता चला कि वह लिंग और कोई नहीं, बल्कि स्वयं भगवान शिव का ही रूप था।

दोनों देव वहीं पर अग्नि जलाकर बैठ गए और शिव जी का स्मरण करने लगे। उनकी भक्ति से प्रसन्न होकर शिव जी प्रकट हुए और उन्होंने दोनों को एक–एक वरदान दिया।

विष्णु ने उनके सेवक बनने का वरदान माँगा, जिससे शिव जी प्रसन्न हो गए। ब्रह्मा ने माँगा कि शिव जी उनके पुत्र के रूप में जन्म लें। यह अनुचित माँग सुनकर शिव जी ने क्रोध में आकर ब्रह्मा को श्राप दे डाला।

एक और कथा के अनुसार, जब ब्रह्मा और विष्णु ने पृथ्वी से विशाल लिंग को प्रकट होते देखा तो उन्होंने इसके दोनों सिरों का पता लगाने का निश्चय किया।

विष्णु ने तुरंत सुअर का रूप धारण किया और लिंग का निचला सिरा देखने के लिए पृथ्वी को खोदने लगे। ब्रह्मा ने हंस का रूप धारण किया और लिंग का ऊपरी सिरा देखने आकाश में उड़ गए।

विष्णु पृथ्वी को खोदते गए लेकिन वे लिंग के सिरे तक नहीं पहुँच पाए। वे समझ गए कि वह लिंग शिव जी का ही रूप है। वे यह भी समझ गए कि तीनों देवों में से सबसे शक्तिमान शिव जी ही हैं। इससे शिव जी बहुत प्रसन्न हुए।

ब्रह्मा स्वर्ग की ओर उड़ान भरते गए लेकिन लिंग लगातार बढ़ता जा रहा था। ब्रह्मा हार मानने को तैयार नहीं हुए। उन्होंने केतकी के फूल को यह झूठ बोलने के लिए मना लिया कि उन्होंने लिंग का ऊपरी सिरा सचमुच देख लिया है। शिव जी ने ब्रह्मा के झूठ को समझकर उन्हें श्राप दे दिया कि पृथ्वी पर कोई उनकी पूजा नहीं करेगा।

एक और कहानी के अनुसार, ब्रह्मा को यज्ञ करना था, जिसमें उनकी पत्नी सरस्वती को उनके बगल में बैठना था। दुर्भाग्य से, सरस्वती वहाँ मौजूद नहीं थीं। ब्रह्मा ने क्रोध में आकर, इंद्र की सलाह से तुरंत ही गायत्री से विवाह कर लिया और अपना यज्ञ पूरा कर लिया।

जब सरस्वती पहुँचीं तो उन्होंने पाया कि उनके पति गायत्री से दूसरा विवाह कर चुके हैं। उन्हें ब्रह्मा पर बहुत क्रोध आया। उन्होंने अपने पति को श्राप दे डाला कि उनकी पृथ्वी पर पूजा नहीं होगी।

हालाँकि ब्रह्मा का एकमात्र मुख्य मंदिर राजस्थान के पुष्कर में मौजूद है, और कुछेक छोटे–छोटे मंदिर शेष भारत में होंगे। इसके बावजूद उनकी महत्ता से इन्कार नहीं किया जा सकता। ब्रह्मा नहीं होंगे तो विष्णु के पास पालन करने को और शिव जी के पास विनाश करने को कुछ होगा ही नहीं।

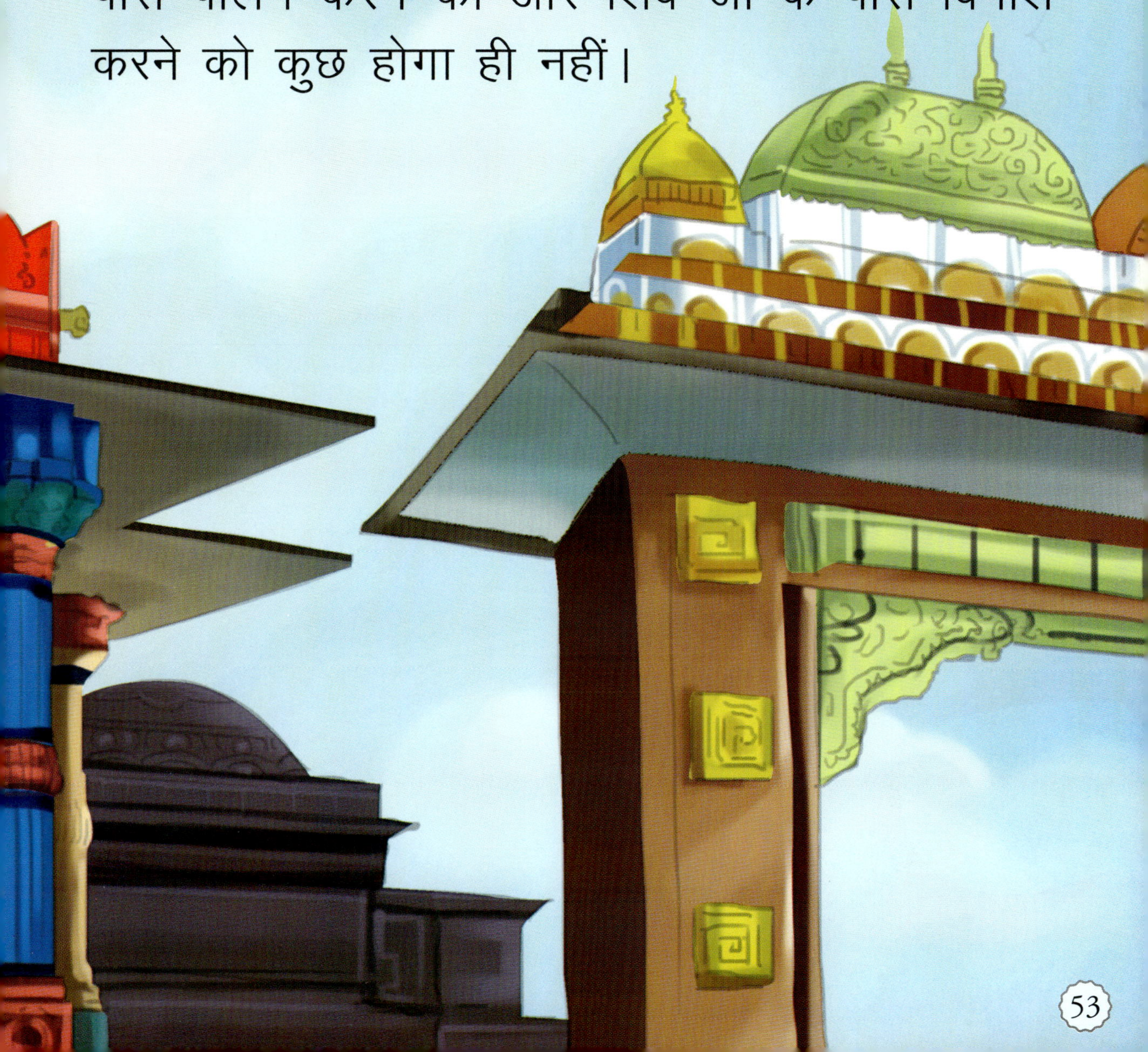

ब्रह्मास्त्र और ब्रह्मशिरा

शास्त्रों में बताए अनुसार, दिव्य अस्त्र ब्रह्मास्त्र की रचना ब्रह्मा ने की थी। इसे सबसे घातक अस्त्र माना जाता है। यह कभी खाली नहीं जाता और ब्रह्मा इसका इस्तेमाल किसी विशिष्ट उद्देश्य के लिए अपने शत्रु पर करते थे जिससे वह पूरी तरह नष्ट हो जाता था। माना जाता है कि ब्रह्मा ने कठिन तप के माध्यम से इसे हासिल किया था। कहा जाता है कि ब्रह्मास्त्र को एक बार छोड़ दिया जाए तो इसे केवल ब्रह्मदंड से ही रोका जा सकता है। ब्रह्मदंड भी ब्रह्मा का बनाया अस्त्र है।

ब्रह्मा ने एक इससे भी शक्तिशाली अस्त्र की रचना की थी जिसे ब्रह्मशिरा कहा जाता है।

ब्रह्मा और रामायण

ऐसा माना जाता है कि ब्रह्मा ने ही वाल्मीकि से रामायण की रचना करने को कहा था।

लंका नरेश रावण ने कठिन तपस्या करके अमर होने का वरदान ब्रह्मा से माँगा था। ब्रह्मा ने रावण को अमर होने का वरदान तो नहीं दिया लेकिन उसे यह शक्ति अवश्य दे दी कि वानरों और मानवों को छोड़कर

कोई भी देवी–देवता और प्राणी उसे नहीं मार सकेगा। वानरों और मानवों को इसलिए छोड़ दिया गया क्योंकि रावण दोनों को हानिरहित और महत्वहीन मानता था।

बाद में रावण पृथ्वी पर मनुष्यों को परेशान करने लगा तो ब्रह्मा ने विष्णु से सहायता माँगी। इस पर विष्णु ने भगवान राम के रूप में अवतार लिया और वानर सेना की सहायता से रावण को परास्त किया।

रामायण के अनुसार राम ने ब्रह्मास्त्र का इस्तेमाल कई बार किया : एक बार रावण के भाई विभीषण के पुत्र तरणीसेन के विरुद्ध, दो बार लंकायुद्ध में कुंभकर्ण के विरुद्ध उसके दाहिने हाथ और सिर पर। लक्ष्मण ने भी रावण के पुत्र अतिकेय के विरुद्ध ब्रह्मास्त्र का प्रयोग किया था।

जब हनुमान राम की पत्नी सीता का पता लगाने अशोक वाटिका पहुँचे थे तब रावण के बेटे इंद्रजीत ने भी हनुमान के विरुद्ध ब्रह्मास्त्र का इस्तेमाल किया था। लक्ष्मण ने भी इंद्रजीत के विरुद्ध युद्ध में ब्रह्मास्त्र का इस्तेमाल करना चाहा था लेकिन राम ने उन्हें रोक दिया था और कहा था कि इससे बहुत भारी विनाश हो सकता है।

ब्रह्मा और महाभारत

महाभारत में कुंती के पहले पुत्र कर्ण को ब्रह्मा ने ब्रह्मास्त्र दिया था लेकिन उसके गुरु परशुराम ने उसे श्राप दे दिया था कि जब उसे इसकी सबसे अधिक आवश्यकता पड़ेगी, तभी वह इसे चलाना भूल जाएगा।

कुरुक्षेत्र में जब कर्ण अर्जुन से युद्ध कर रहा था, तभी वह ब्रह्मास्त्र मंत्र भूल गया। उसके रथ का पहिया कीचड़ में फँस गया और जब वह अपना पहिया निकालने लगा तो अर्जुन ने उसे मार डाला था।

गुरु द्रोणाचार्य के पुत्र अश्वत्थामा के पास भी ब्रह्मास्त्र का आह्वान करने की शक्ति थी। कुरुक्षेत्र के युद्ध के समाप्त होने पर उसने पांडवों के शिविर पर आक्रमण किया और पांडवों के पुत्रों को मार डाला था। बाद में जब व्यास ऋषि के आश्रम में अर्जुन से उसका सामना हुआ, तो उसने घास के तिनके से ब्रह्मास्त्र की रचना की और उसे अर्जुन पर छोड़ दिया।

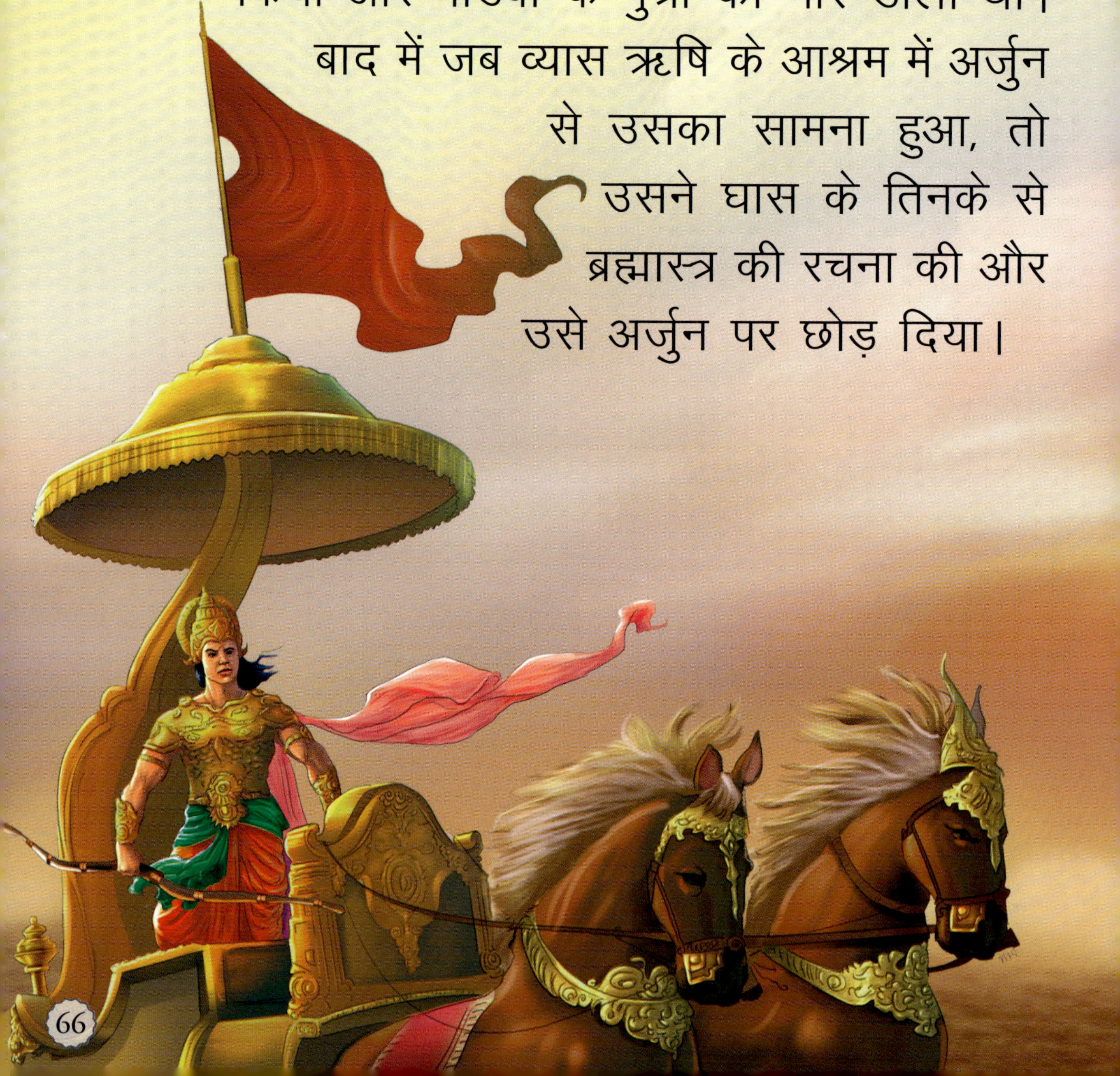

अश्वत्थामा के जवाब में अर्जुन ने भी ब्रह्मास्त्र का आह्वान किया। दोनों के टकराव से पूरी पृथ्वी के नष्ट होने के आसार पैदा हो गए। इस पर व्यास ऋषि ने अपनी यौगिक शक्ति से दोनों दिव्य अस्त्रों को रोक लिया था। उन्होंने दोनों योद्धाओं से अपने अपने ब्रह्मास्त्र वापस लेने को कहा। अर्जुन ने तो अपना ब्रह्मास्त्र वापस ले लिया लेकिन अश्वत्थामा ने ब्रह्मास्त्र को अर्जुन की पुत्रवधु उत्तरा के गर्भ की ओर मोड़ दिया, जिसमें अभिमन्यु का पुत्र परीक्षित पल रहा था।

ब्रह्मा और कृष्ण

एक बार ब्रह्मा की दृष्टि वृंदावन में अपने सखाओं के साथ खेलते कृष्ण पर पड़ी। उन्होंने कृष्ण के बारे में बहुत कुछ सुन रखा था। उन्होंने कृष्ण की दिव्य शक्तियों की परीक्षा लेने के लिए एक चाल चली। उन्होंने कृष्ण के सारे सखाओं और उनकी सारी गायों को चुरा लिया और उन्हें पर्वत की गुफा में बंद कर दिया।

कृष्ण ने अपने सखाओं और गायों को बहुत तलाश किया लेकिन उन्हें सफलता नहीं मिली। शीघ्र ही वे समझ गए कि ब्रह्मा उनके साथ चाल चल रहे हैं। कृष्ण मुस्कराने लगे और उन्होंने अपने रूप का विस्तार करके वहीं पर स्वयं ही अपने सारे सखाओं और अपनी सारी गायों का रूप एक साथ धारण कर लिया।

इस बीच, ब्रह्मा सबसे दूर स्थित ग्रह सत्यलोक में अपने निवास के लिए चल दिए। वहाँ पर उन्हें कृष्ण के नटखटपन का अनुभव हुआ। सत्यलोक के द्वारपाल ने ब्रह्मा को अंदर नहीं जाने दिया और बताया कि अंदर तो पहले से ही एक ब्रह्मा बैठे हुए हैं। दरअसल ब्रह्मा के रूप में कृष्ण ही सत्यलोक में पहले से बैठे थे।

वहाँ उन्होंने यह भी देखा कि सारी गायें शांति से चर रही हैं और सारे ग्वाल बाल भी आराम से खेल रहे हैं, जैसे कुछ हुआ ही न हो। ब्रह्मा चकित रह गए। उन्होंने गुफा में देखा तो वहाँ सारे ग्वाल बाल गायों के साथ सोए हुए थे।

चकित ब्रह्मा सीधे कृष्ण के पास पहुँचे। उन्होंने देखा कि सारी गायें और सारे ग्वाल बाल नीले रंग के हो गए हैं। शीघ्र ही वे सब विष्णु के रूप में आ गए और सारे के सारे कृष्ण बन गए।

ब्रह्मा को तब अपनी शक्तियों की सीमाओं का पता लगा। वे समझ गए कि उनकी शक्तियाँ असीमित नहीं हैं। उन्होंने क्षमा माँगते हुए कृष्ण की महानता स्वीकार कर ली।

TITLES IN THIS SERIES

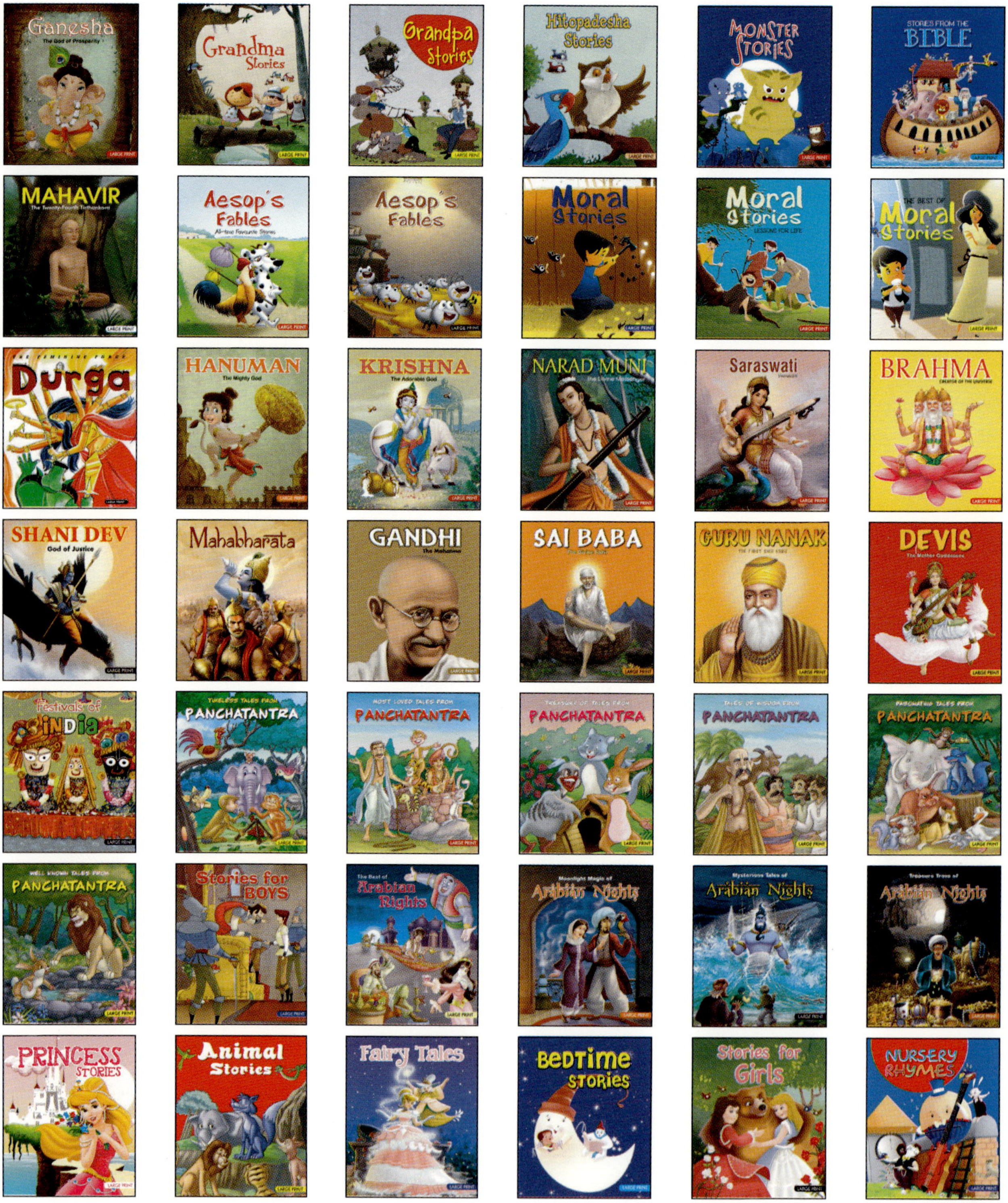